VENTE DU VENDREDI 23 NOVEMBRE 1894

HOTEL DROUOT, SALLE N° 7

à deux heures

Intéressante Collection

DE

AQUARELLES

Dessins, Fusains et Gravures

MODERNES

EXPOSITION PUBLIQUE

LE JEUDI 22 NOVEMBRE 1894

DE 1 HEURE 1/2 A 5 HEURES 1/2

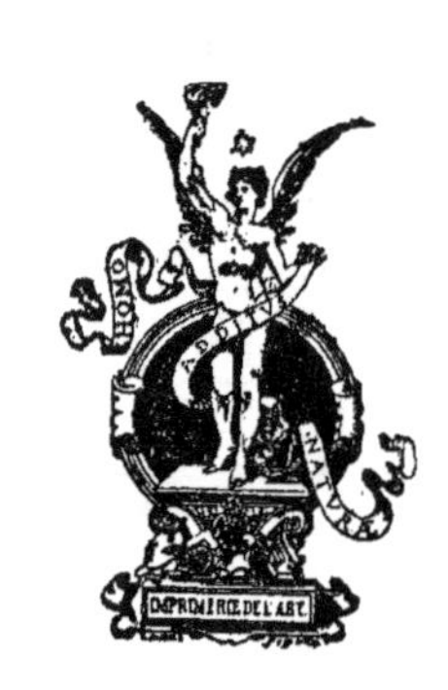

HONO ADDIT NATURÆ
IMPRIMERIE DE L'ART

CATALOGUE

DE

AQUARELLES

DESSINS

FUSAINS ET GRAVURES

PAR

E. Adan, G. Boulanger, C. Cazin, Duez
A. Dumarescq, Faléro, Frémiet, Giacomelli, V. Gilbert, Goubie
Heilbulth, Henner, Ch. Jacque, Kaemmerer, D. Laugée, Maurice Leloir
H. Leroux, Lhermitte, Lobrichon, L. Mélingue
Mesdag, Munckacsy, De Nittis, Pinchart, Toudouze, Willems, etc.

DONT LA VENTE AURA LIEU

HOTEL DROUOT, SALLE N° 7

Le Vendredi 23 Novembre 1894, à 2 heures

COMMISSAIRE-PRISEUR	EXPERT
Me LÉON TUAL	**M. EUGÈNE FÉRAL**
56, rue de la Victoire, 56	54, rue du Faubourg-Montmartre, 54

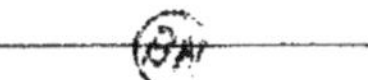

EXPOSITION PUBLIQUE

Le Jeudi 22 Novembre 1894, de 1 heure 1/2 à 5 heures 1/2

CONDITIONS DE LA VENTE

Elle sera faite au comptant.

Les acquéreurs payeront en sus des enchères *cinq pour cent.*

Nota. — *Le droit de reproduction est absolument réservé.*

Paris. — Imp. de l'Art, E. Moreau et Cⁱᵉ, 41, rue de la Victoire.

DÉSIGNATION

AQUARELLES

ADAN
(E.)

CARAN-D'ACHE

GIACOMELLI
(H.)

JACQUE
(CHARLES)

LELOIR
(MAURICE)

7 — *Composition pour la couverture des* Con-fessions de J. J. Rousseau.

8 — *Composition pour la couverture du* Voyage Sentimental.

9 — *La mise en bouteilles.*

10 — *Jeune modiste.*

11 — *Enfant jouant de la vielle.*

MÉRY

12 — *Jeune oie.*

13 — *Singe tirant les marrons du feu.*

MESDAG

14 — *Marine.*

MOREAU
(AD.)

15 — *Femmes et Singes.*

DESSINS

ABBÉMA
(LOUISE)

16 — *Moïse sur le Nil.*

ADELINE
(J.)

17 — *Une vieille rue de Rouen.*

AUBERT
(J.)

18 — *Amour jouant de la flûte.*

BARON
(H.)

19 — *Le premier pas.*

20 — *Étude de femme.*

BENNER
(E.)

21 — *Repos.*

BENNER
(J.)

22 — *Alsacienne.*

BERTRAND
(JAMES)

23 — *L'Aurore.*

BOGGS
(H.)

24 — *La Porte Saint-Denis.*

24 *bis* — *Deux Dessins pour* Notre-Dame de Paris, de Victor Hugo.

BOULANGER
(G.)

25 — *Étude pour la Mairie du XIIIe Arrondissement.*

BRIDGMAN
(F. A.)

26 — *Victor Hugo sur son lit de mort.*

CAZIN
(J. C.)

27 — *Paysage.*

CHAM

28 — *Croquis.*

CHARLERIE
(DE LA)

29 — *Épisode de la Révolution.*

COURANT
(MAURICE)

30 — *Marine.*

COLLIN
(RAPHAEL)

31 — *Danseuse.*

COUTURIER
(L.)

32 — *Soldat assis.*

DAMERON
(C.)

33 — *Pêcheuse retour de la pêche.*

DANTAN
(E.)

34 — *Les pauvres gens.*
Victor Hugo.

35 — *Étude pour la Procession.*

DEVÉRIA

36 — *Tête de jeune fille.*

DELOBBE

37 — *Étude de femme.*

DUEZ
(E.)

38 — *Escalier des Moulières à Villerville.*

DUMARESQ
(ARMAND)

39 — *Hussard.*

FALÉRO
(L.)

40 — *L'Étoile double.*

FERDINANDUS
(A.)

41 — *La Cour Martiale.*
Quatre-Vingt-Treize, de Victor Hugo.

FEYEN-PERRIN

42 — *Déruchette.*
Travailleurs de la Mer, de Victor Hugo.

GIRARD
(FIRMIN)

43 — *Préparatifs de sortie.*

FRAIPONT
(G.)

44 — *Salon de Victor Hugo en 1883.*
Avenue Victor-Hugo.

FRÉMIET
(E.)

45 — *Dessin de la Statue équestre de Jeanne d'Arc.*

GARNIER
(J.)

46 — *Triboulet.*

GIACOMELLI
(H.)

47 — *Oiseaux à l'abri.*

48 — *Oiseaux et Insectes.*

GILBERT
(V.)

49 — *Gilliat.*
Travailleurs de la Mer, de Victor Hugo.

GITTARD

5o — *Paysage au fusain.*

GOUBIE
(R.)

51 — *L'Ane et le Crapaud.*

HARPIGNIES

52 — *Paysage.*

HEILBUTH
(F.)

53 — *Rêverie.*

HENNER
(J. J.)

54 — *Croquis de femme.*

55 — *Andromède.*

HERMANN
(LÉO)

56 — *Incroyable.*

ISABEY
(E.)

57 — *Une Rue à Dinan.*

58 — *Vieille Maison à Vitré.*

JACQUEMART
(J.)

59 — *Portrait de femme.*

JEANNIOT
(G.)

60 — *Fantassin.*

KAEMMERER
(F. H.)

61 — *Incroyable.*

62 — *La Balançoire.*

LANÇON
(A.)

63 — *Le portrait du chien.*

64 — *Jeunes Orangs-Outangs.*

65 — *Éléphants savants.*

66 — *Lions.*

LAURENS
(J. P.)

67 — *Bouffon.*

LAUGÉE
(F. D.)

68 — *Scène de l'Inquisition.*

LE ROUX
(HECTOR)

69 — *Vestale.*

LHERMITTE
(L.)

70 — *Composition pour la couverture de la* Vie Rustique.

71 — *La Récolte des pommes de terre.*

72 — *Bergerie.*

73 — *La Fenaison.*

74 — *Les Nourrices.*

LELOIR
(MAURICE)

75 — *Composition pour la couverture des* Trois Mousquetaires.

76 — *D'Artagnan, en sortant de chez M. de Tréville, se jette dans le manteau de Porthos.*

77 — *Le Roi Louis XIII et le Cardinal de Richelieu.*

78 — *D'Artagnan parti, Milady, à demi-nue, criait par la fenêtre : N'ouvrez pas.*

79 — *Felton s'appuyait sur un meuble, Milady vit avec joie que la force lui manquerait pour aller jusqu'au bout.*

80 — *Felton monta le premier à l'échelle et donna la main à Milady, tandis que les matelots la soutenaient.*

81 — *Athos alla chez le bourreau de Béthune et lui présenta un papier revêtu d'une signature et d'un sceau.*

82 — *Au milieu du chœur, derrière la grille, le corps de Mme Bonacieux, revêtu de ses habits de novice, était exposé.*

LELOIR
(MAURICE)

83 — *Oh! dit Milady, je défie de retrouver celui qui m'a marquée.— L'inconnu, après s'être approché, ôta son masque... A moi, s'écria-t-elle... Le bourreau de Lille!*

84 — *Vous êtes des lâches, s'écria Milady, vous êtes de misérables assassins.*

LIPHART
(E. DE)

85 — *Portrait de J. Janin.*

86 — *Victor Hugo et ses petits-enfants.*

87 — *Portrait de Victor Hugo.*

88 — *Portrait de T. de Banville.*

LOBRICHON
(T.)

89 — *Très affairé!*

LEHOUX
(P.)

90 — *Le Petit Roi de Galice.*
Victor Hugo.

MACHARD
(J.)

91 — *Baigneuse.*

MARIE
(ADRIEN)

92 — *Châtelaine.*

93 — *Enfant et chat.*

94 — *Victor Hugo aux Tuileries.*
L'Art d'être Grand-Père.

MÉDARD
(E.)

95 — *Soldat blessé.*

MÉLINGUE
(LUCIEN)

96 — *Les Droits de l'Homme.*

MORIN
(EDMOND)

97 — *L'Étudiant.*

MOREAU DE TOURS

98 — *La Jeune Mère.*

MOREAU
(ADRIEN)

99 — *Les Blesses.*

MUNCKACSY
(M.)

100 — *Étude pour le Christ.*

NITTIS
(J. DE)

101 — *Marchande d'allumettes.*

PILS
(J.)

102 — *Tête de jeune Kabyle.*

PILLE
(H.)

103 — Deux dessins en couleur.

PINCHART
(E.)

104 — *Moïse sauvé des eaux.*

105 — *Étude pour la première dent.*

PUVIS DE CHAVANNES

106 — *Étude.*

PERRAULT
(L.)

107 — *Petite Italienne.*

ROYBET
(F.)

108 — *Reître.*

RUDAUX
(E.)

109 — *Étude pour* Déjà passé.

110 — *Fileuse.*

SCOTT
(S.)

111 — *Défilé devant la maison de V. Hugo le 26 février 1881.*

TISSOT
(JAMES)

112 — *Au Musée.*

TOUDOUZE
(E.)

113 — *Jeune fille et papillon.*

114 — *Chez le barbier.*

VERNIER
(E.)

115 — *Marine.*

WEISZ
(A.)

116 — *Épisode de la guerre de 1870.*

WILLEMS
(F.)

117 — *Dame du XVIIe siècle.*

WORMS
(J.)

118 — *La Sérénade.*

YON
(ED.)

119 — *Lavandière.*

PEINTURES

GUÈS
(A.)

120 — *Triboulet.*

VALADON
(J.)

121 — *Nature morte.*

122 — *Tête de vieille.*

GRAVURES

A L'EAU-FORTE ET AU BURIN

123 — *1814,* de E. Meissonier.

Gravure au burin de Jules Jacquet. — Epreuve sur Japon avant la lettre avec la signature du graveur.

124 — *Son ancien régiment* de E. Detaille.

Gravure à l'eau-forte de A. Boulard fils. — Épreuve sur Japon avant la lettre avec la signature du graveur.

125 — *Intérieur d'église,* de L. Lhermitte.

Gravure à l'eau-forte par lui-même. — Épreuve sur Japon avant la lettre avec la signature de l'artiste.

126 — *La Fenaison,* de L. Lhermitte.

Gravure à l'eau-forte de Focillon. — Épreuve sur Japon avec remarque et signature de l'artiste et du graveur.

127 — *A la fontaine,* de L. Lhermitte.

Gravure à l'eau-forte de Focillon. — Épreuve sur Japon avec remarque et signature de l'artiste et du graveur.

128 — *Le Courage militaire,* de Paul Dubois.

Gravure au burin de Achille Jacquet. — Épreuve avant la lettre avec la signature du graveur.

129 — *Jeune fille anglaise.*

Gravure à la pointe sèche de James Tissot. — Épreuve avant la lettre.

REPRODUCTIONS DE GRAVURES EN COULEURS

DU XVIIIᵉ SIÈCLE

Épreuves sur Japon avant la lettre

13o — *Les Espiègles.*
Composition de Schall.

131 — *L'Amant surpris.*
Composition de Schall.

132 — *L'Aveu difficile.*
Composition de Lavreince.

133 — *La Comparaison.*
Composition de Lavreince.

134 — *L'Indiscrétion.*
Composition de Lavreince.

135 — *Le Compliment.*
Composition de Debucourt.

136 — *Les Bouquets.*
Composition de Debucourt.

137 — *L'Escalade.*
Composition de Debucourt.

138 — *Le Menuet de la mariée.*
Composition de Debucourt.

139 — *La Noce au château.*
Composition de Debucourt.

140 — *Les Saltimbanques.*
Composition de Debucourt.

LOTS DIVERS

141 — Un lot composé de 24 études et esquisses de Louis Leloir provenant de sa vente.

142 — Un lot composé de 3o dessins et études, par divers artistes.

143 — Un lot composé de 35 dessins originaux par Ed. Morin, de Liphart, J. Adeline, G. Fraipont, etc., pour le *Livre d'Or* de V. Hugo.

144 — Un lot composé de 26 dessins originaux pour les actrices de Paris, par Ferd. Bach, P. Kauffmann, E. de Liphart, Robida, etc.

145 — Un lot composé de 20 portraits d'actrices, à la plume et au lavis, par E. de Liphart.

146 — Un lot composé de 5o dessins, par A. Ferdinandus, pour le *Livre d'Or* de V. Hugo.

147 — Un lot composé de 56 belles épreuves en photogravure, reproductions de tableaux et une série de beaux portraits d'artistes de la Comédie-Française, sur japon.

148 — Un lot composé de 3i épreuves photographiques grand format, reproductions de tableaux célèbres.